O semeador do bem

Aquele que semeia saiu a semear...

Betinho era um menino alegre e inteligente. Gostava de fazer os deveres de casa e da escola. Tinha um amor muito grande pela natureza.

Toda vez que um amigo ou irmão precisava de alguma coisa, ele estava disposto a ajudar.

Próximo à sua casa tinha um lago. O menino adorava brincar lá e ficar admirando a beleza do lugar. Olhava os peixes, ouvia o canto dos pássaros, sem falar que, de vez em quando, tomava banho no rio com os amigos e os irmãos.

Certa tarde, ao voltar de um passeio, Betinho encontrou um saquinho embaixo de uma árvore. Dentro dele havia algumas sementes, que ele jamais tinha visto. Lindas, diferentes e com algo especial: elas brilhavam.

Como amava a natureza, decidiu que iria plantar aquelas sementes. Procurou um lugar que não tinha árvore alguma e semeou o solo.

Todos os dias, o garoto, feliz, passava para cuidar de seu plantio. Tempos depois, uma planta apareceu no local. Contente com o sucesso de seu empenho, Betinho queria saber que árvore seria aquela. Era diferente de todas que conhecia.

O tempo foi passando e a árvore foi ficando grande, linda. Em um daqueles dias ensolarados, o menino Betinho e seus amigos começaram a brincar na acolhedora sombra... Betinho estava feliz por ter plantado aquela semente.

Lembrou-se de que havia guardado o saquinho e resolveu mostrá-lo aos colegas. Então, Betinho, interrompeu a brincadeira ao pé da árvore e convidou os amigos para irem a casa dele.

Já em casa, quando Betinho abriu a gaveta da cômoda de seu quarto e retirou o saquinho, tomou, porém, um susto. Existiam novas sementes lá dentro. Ele ficou com medo e pensou: "Meu Deus! Será que alguém está brincando comigo? As sementes se multiplicaram!"

Sem entender o que estava acontecendo, Betinho resolveu pedir ajuda aos pais. Após ouvi-lo, a mãe, Dona Antônia, comentou:
– Filho, não se assuste. Será que você não está se confundindo? Talvez restassem sementes e você não percebeu.

– Mamãe, tenho certeza de que plantei todas elas.

O pai de Betinho, "Seu Urbano", deu um abraço no filho e sugeriu:

– Esta noite, antes de se deitar, faça uma prece e peça ajuda ao seu anjo guardião. Talvez receba uma resposta.

Tranquilizado, Betinho voltou a brincar com os amigos. Decidiu que à noite, iria seguir o amoroso conselho da prece.

O menino assim o fez. Antes de adormecer, fez uma breve oração, com muita fé, pedindo auxílio a seu anjo guardião.

Ao olhar para o lado, deitado na cama, Betinho viu um homem. Ele olhava para o menino e, sorrindo, comentou:

– Não se assuste. Sou amigo e vim trazer a resposta que pediu.
– Você é o anjo sobre o qual meus pais comentaram?
– Sim. Sou um amigo espiritual. Conhecemo-nos há muito tempo.
– Então o senhor acredita que as sementes que encontrei podem se multiplicar?

O homem se aproximou e disse:
– Meu filho, continue semeando. Você tem uma missão especial: plantar sementes. As respostas, com o tempo, aparecerão.

– E serão muitas sementes? – perguntou o menino.
– Não se preocupe com a quantidade. Apenas plante e deixe que Deus faça o resto. Na hora certa, saberá o motivo de essas sementes estarem em suas mãos.

Betinho acordou disposto e sorridente, como sempre. Levantou-se, fez sua higiene pessoal e foi tomar o café da manhã.

Contou o sonho aos pais, repetindo a eles as palavras do seu anjo guardião.

Os pais ficaram satisfeitos e pediram que ele continuasse a plantar as sementes.

O menino correu para o quarto, abriu a gaveta, pegou novas sementes e foi procurar outro local para semear.

Tempos depois, uma pequena árvore nasceu.

Betinho cuidava de sua planta quando novas crianças apareceram.

– O que está fazendo? – perguntou Maria Clemente, uma das meninas.

– Cuidando desta árvore – ele respondeu.

– Podemos ajudá-lo? – perguntaram Zálio, Tiana, Vírgílio e Sobral.
– Claro que sim. Vou precisar mesmo de ajuda. Tenho muitas para plantar.
– Qual é o nome desta árvore? – indagou um dos meninos.

Betinho pensou e respondeu:
– Chame-a de Geal.
– Geal?

– Sim. A partir de agora, este será seu nome e dará frutos de amor e caridade. Os novos amigos gostaram e começaram a ajudar Betinho.

Então, ele teve uma ideia. Perguntou para os colegas:

– Vocês gostariam de ficar com esta árvore? Peço somente que tenham responsabilidade e cuidem muito bem dela.

Os amigos ficaram felizes e aceitaram o presente de Betinho.

Após se despedir deles, Betinho ficou pensando... Como as sementes se multiplicavam, era impossível cuidar de todas as árvores. Ele precisaria de ajuda. Foi, então, que decidiu que plantaria muitas sementes e encontraria pessoas para cuidar das árvores que começariam a crescer.

O tempo foi passando e Betinho já não sabia mais quantas árvores tinha plantado. A cada uma, ele dava um nome: Geil, Anália Franco, Allan Kardec, Gecp, Gema, Geal Lassance, Bezerra de Menezes...

Em uma tarde de sol, após a aula, Betinho chegou e foi procurar o saquinho. Para sua surpresa, não existiam mais sementes nele. O garoto revirou o móvel para tentar encontrá-las, achando que tivessem caído ali, porém, nada achou.

Ficou o restante do dia entristecido. Afinal, gostava de plantar sementes. Antes de dormir, fez uma oração e pediu ajuda.

Ao acordar, não se lembrava de sonho algum. Como não havia aula naquele dia, resolveu fazer uma caminhada. Ainda pensando nas sementes, foi andando até chegar a uma rua. Leu o nome: "Rua dos Guaranis".

O dia estava muito bonito, com poucas nuvens e ensolarado. Após andar mais uns minutos, Betinho encontrou uma enorme árvore e, embaixo, uma multidão.

Caminhou mais um pouco e viu que todos ali prestavam atenção em um homem que fazia um comentário sobre Jesus. O menino ficou em silêncio, escutando.

Quando terminou o comentário, o homem veio em direção a Betinho.
– Olá, Betinho, tudo bem?
– Tudo. Mas o senhor me conhece?
– Sim. Estava aguardando sua chegada. O homem sorriu e acrescentou:
– Pode me chamar de Tio Chico.
– Está bem, Tio Chico.
Mais tranquilo, o menino perguntou:
– Que lugar é este e o que as pessoas estão fazendo aqui?
– Este lugar chama-se União.
Tio Chico olhou para Betinho e continuou:
– Está vendo esta árvore?
– Sim.

– Meu filho, esta árvore chama-se Evangelho. Aqui, na União, somos semeadores da árvore do Evangelho.

Após a fala do homem, uma semente iluminada caiu no chão. Betinho abaixou-se e a pegou.
– Eu conheço esta semente. Plantei muitas delas. Infelizmente, as minhas não apareceram mais.

Tio Chico novamente sorriu e comentou:
– Você é mais um dos mensageiros do Evangelho. Junto com milhares de pessoas, veio ao mundo para ajudar a plantar a árvore que Jesus nos deixou há mais de dois mil anos.
Com um ar de dúvida, Betinho perguntou:
– Mas por que as minhas sementes desapareceram?

Satisfazendo a curiosidade infantil, Tio Chico explicou:
– Porque era necessário que você viesse fazer parte da União e se juntasse a outras pessoas. E tem outra coisa:
– É necessário conhecer os frutos da árvore.
– Que frutos, Tio Chico?
– Os frutos que o Evangelho promove. São muitos: caridade, sabedoria, paz, trabalho e muitas virtudes que aparecerão em seu coração.

O menino queria ter certeza de que havia entendido a mensagem:

– Quer dizer que eu sou mais um dos amigos da União que planta as árvores do Evangelho de Jesus?

– Sim. Desde a primeira semente plantada, muitos estão sendo beneficiados pelo seu trabalho.

– Tio, posso frequentar este lugar?

– Claro, meu filho. Foi por isso que as sementes desapareceram – para que você conhecesse a origem delas, que é a árvore de Jesus.

Tio Chico olhou para o relógio. Percebendo as horas, recomendou ao menino:

– Você precisa voltar para casa, Betinho. Mas venha quando desejar. Este lugar estará sempre de portas abertas para você.

Betinho sorriu e fez ainda uma pergunta:
– Tio, será que as sementes voltarão a aparecer?
O homem abraçou o menino e falou:
– Volte para casa.

Betinho voltou feliz para casa, entrou correndo e foi direto para o quarto. Abriu a gaveta da cômoda e viu que algo brilhava. Eram mais sementes. Feliz, deu um grito e disse:

– Obrigado, Jesus! Conte comigo para plantar a árvore do Evangelho.

Betinho percebeu que estava com fome. Ouvindo os irmãos chegarem, foi para a cozinha e viu a família reunida. Com brilho nos olhos, contou a todos o que havia acontecido.

Felizes, e aconselhados pelos pais, todos se uniram para uma oração. Após um delicioso almoço, o garoto saiu com o saquinho de sementes cantarolando:

Obrigado, meu Jesus,
por ensinar a todos o amor.
Ajuda-me a vida inteira
a ser o bom semeador.

Uma outra semente enfim, caiu em boa terra, e deu frutos, alguns grãos rendendo cento por um, outros sessenta e outros trinta. (Marcos 4:8)

Hoje, Betinho, aos 93 anos de idade, incansável, não parou de semear: a mais nova semente que foi lançada – em solo fértil, foi na cidade Moeda, em Minas Gerais – mais uma nova plantinha surgiu... ele a deu o nome de Casa do Caminho, Gecc!